JN278659

Jamais Jamais

O型
自分の説明書

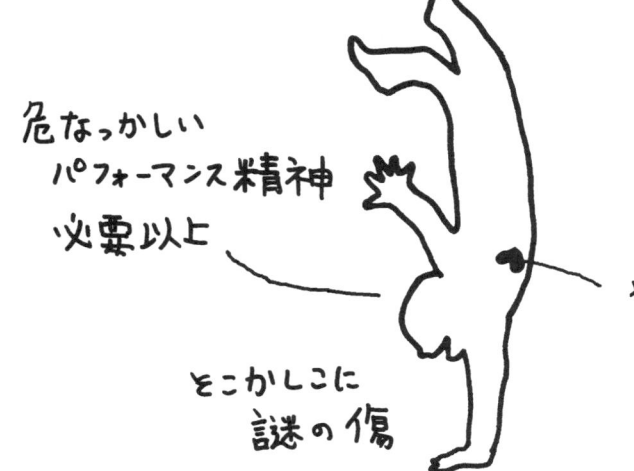

危なっかしい
パフォーマンス精神
必要以上

やけど注意
たまに低温あり

そこかしこに
謎の傷

文芸社

はじめに

コンニチハ、もしくはハジメマシテ
Jamais Jamais と申します。
以前、『B型自分の説明書』という本を書いたところ、
びっくりするくらいの反響がありました。
中には「他の血液型の本も出してほしい」という要望もあり、
『A型自分の説明書』、さらには『AB型自分の説明書』を書かせていただくことができました。
ありがとうございます。
そして、このたび、
これまでの経験とO型のみなさまのご協力をもとに、
O型の説明書を書かせていただくことになりました。

では早速、説明書を作りましょう。

目　次

はじめに ……………………………………………… 3

1　本書の使い方 …………………………………………… 8

2　基本操作————————自分／行動 …………… 11

3　外部接続————————他人 ………………… 35

4　色々な設定——————傾向／趣味／特技 …… 64

5　プログラム——————仕事／勉強／恋愛 …… 80

6　トラブル・故障した時は——自己崩壊 ………… 91

7　メモリー・その他————記憶／日常 ………… 97

8　その他シミュレーション——その時O型なら …… 111

9　計算の仕方——————O型度チェック ……… 119

さいごに ……………………………………………… 121

O型自分の説明書

1　本書の使い方

これは、
自分を知りたいO型の、O型の実態を知りたいO型以外のための、O型説明書です。

「熱くるしい」とか、「おおざっぱ」など、こんなふうにO型ってだけで単純構造みたいに言われます。
O型と知られると、初対面の人にすら何かを悟られたような空気が流れます。
だけれども、
O型はなんにでも単純で、いつもいつも騒がしいわけじゃない。
クールなときもあるし、深く静かに考えるときもある。
ところが、
人一倍「強がり」なO型だから、弱くてカッコ悪い姿を見せられない。
おまけに自分より他人が気になるO型だから、無理しても人を楽しませようとがんばって、自分が後回しになってしまう。
世間一般に言われているO型像はきっと表の部分。じゃあ、裏は一体どーなってるの？
それは全く逆かもしれない。あるいは全く別モノかもしれない。
ではひとつ例を。
　　表「O型はいつも明るい。悩まない」

1 本書の使い方

いえいえ、
　裏「O型はとても傷つきやすいんです」
じゃあなぜ、この矛盾が生まれるの？
それは、
自分自身のアピールで肝心な部分を伝えられないから。
深く苦しんでいて、真剣に話しても、いつも楽しそうに振る舞うぶん、軽く受け流されてしまう。本当は気づいてほしい。でも、深刻には話せない。だからすごく苦しいのに分かってもらえない。というとこから誤解が生じるわけなのです。
誤解されたままでいるのはもうたくさん。
「あなたはどういう人ですか？」
「私はこういう人間です」

をうまく伝えるには、まず自分を分かることから始めましょう。

＜本書完成までのSTEP＞

1　ページをめくるその前に、「あくまでO型の傾向っぽい」と頭で唱える。
　　じゃないと「違うよこれ。当たってない」とムキになります。
2　外では2人以上で読むこと。誰かがいないと恥をかきます。やれば分かる、その理由。
3　さて、まずはご一読。冷静さは捨てましょう。

4　当てはまる項目にチェックを入れる。説明書完成。
5　重要ポイントはマーカーでチェック。しなくても、よし。
6　さて、誰かとお近づきになりましょう。
7　「いよいよ自己紹介」に胸おどらせておく。
8　自分説明書を読んでもらう。また、予習・暗記して口頭で実践もよし。
9　相手と仲よしになる。ケンカもする。一段落。
10　応用して、今度は自分の言葉で説明書を作ってみる。

2　基本操作　　　　　　　　　自分／行動

「私は」「O型は」「あの人は」

- □ **O型が好き。**

- □ 　だし、O型に大満足。

- □ 　「自分O型です」って言うと、「ああ、そんな感じ」と言われる。「え！　O型？　意外〜！」とかない。

- □ 　納得されることに納得いきまセン。

- □ 　自分はもっと複雑な人間だとか思ってる。

- □ 　し、みんなの知らない顔もちらほらあるんだ。ほんとうに。

- 「おおらか」なのか「おおざっぱ」なのか。
  おおらかだから、細かいことは気にしない。
  おおざっぱだから、細かいことがめんどくさい。

- ## でも、紙一重で「おおざっぱ」。

- どっちでも結論は一緒。細かいことはどーでもいい。

- くせに、変なとこだわって細かい。
  だから、「そんなのどーでもいいじゃん」って言われるけど、「どーでもよくないからこだわってんだ！　一緒にこだわろうぜっ」と思う。

- 初めての場所に行くとき、「地図を見ない」という無謀なチャレンジをする。

- で、案の定迷った。

- 迷っても、「人に聞かない」という無謀なチャレンジをする。聞けば一発なのに。

- それでもなんとかたどり着く。

- 「ああ、冒険みたいでおもしろかった♪」って自己満足。

□ 頼まれるとイヤって言えないお人好し。

□ 「めんどくさいからホントはヤなんだよなー」なんたら〜。

□ でも、おだてに負ける。

□ それでけっこう大変なことになる。

□ でもスゴい感謝されて、「またガンバロー！」って思う。

□ だってウレシくなっちゃうんだもん。

□ そんな自分がキライじゃないんだもん。

□ 自己分析しない。とゆーか、できない。

□ 自分のこと大スキだけど分かんない。

□ 考えてるといつの間にか、「あの人があーで、この人がこーで……」ってなる。

□ 「人のことはスゴくよく見えるんだけどなー」

□ だから、他人の情報通。「知ってるよ、あいつのヒミツ」

☐ 「おしゃべり」の振り付け師。

☐ 身振り手振りが大きい。

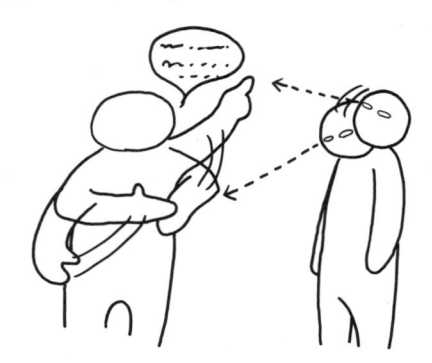

☐ わざとじゃない。自然と出ちゃう。

☐ **体をぶつけやすい。**

☐ 身に覚えのないアザがある。そこかしこに。

☐ 押すと痛い。

☐ のに、押す。

☐ 知らないうちに切り傷もある。

☐ ちょっと怖くなる。

2 基本操作

- [ ] 目標があるときは、お金をコツコツ貯める。

- [ ] 目標ないと、残高ゼロと仲良し。よく遭遇する。

- [ ] 貯金がなくても、なんとかなると思っている。

- [ ] 根拠はない。でも自信はあるのだ。

- [ ] お外では、何でもできるっぽいヒト。

- [ ] でも、家に帰れば「へなちょこマン」。

- [ ] 落ち込むと、キノコ生えそうなくらいジメジメする。

- [ ] 「ダメじゃん自分。あああぁダメだよう。ダメだぁぁぁぁ」

- [ ] でも、夜はぐっすり。

☐ **会話の50％くらい擬音。**
　「ガチャンてさー、……がドカーン……ザーザーだよ」

☐ 物も擬音で呼ぶ。「ザラザラのやつ」とか。

☐ それで通じる（何度も使うから）。

☐ 思い立ったらすぐ行動。「あ、アレやんなきゃ」

☐ 行動しながら思い立つ。「次はこうしよう」

☐ だからけっこう失敗する。

☐ でも、後悔はしない。しても、なんの得にもならないから。

☐ ついでに反省もしない。しても、すぐ忘れちゃう。

☐ で、同じような失敗でデジャヴに遭遇。
　「あれ？　なんか知ってる、この感覚。前にどこかで……」

2 基本操作

- [ ] 絶対に忘れちゃいけないモノをうっかり忘れて、外で「あっ！」ってなることが年に2、3回ある。

- [ ] ガーン。大ダメージ。
  その日1日の気分がここで決定しました。
  ジャラララララララ、ジャン！　今日はブルー。

- [ ] 右と言われれば、右を熱く語る。
  左と言われれば、左を熱く語る。
  言ったヒト以上に熱く詳しく語る。

- [ ] 気分の上下が激しい。

- [ ] ノってるとき、物事の処理は超特急。
  誰も乗車できないくらい速い。もう止められない。

- [ ] ノってないときは超鈍行。
  誰も乗車できないくらい暗い。負のオーラが立ちこめる。

- ☐ 基本的に根は明るい。

- ☐ だから、一見お調子者っぽいけど、核心に触れるトコロを見せない。

- ☐ 素のダメ自分の存在を信じたくない。
「いないよ、そんなヤツいない」

- ☐ ウケ狙いのネタ程度はセーフ、妙な空気になるのはアウト。
「その空気に耐えらんない。黙るのはヤメてください」

- ☐ しゃべるとき、声がデカイ。とゆーか、声がよく通る。

- ☐ **ザワザワの店内でも、店員さん呼ぶの一発。**
「すみませーん！」「はい、ただいまー」
よしっ。

- ☐ 「時間がかかること」「メンドーなこと」の手抜きをいっしょうけんめい考える。

- ☐ 手抜きでも最後は帳尻を合わせる。
「こーしてこーするか。完璧。天才かもしれない」

- ☐ 違う方向に変な才能を発揮。

2 基本操作

- [ ] 自分が所属しているグループの中では、できれば No.1 でいたい願望。

- [ ] でも上がいたらいたで上手に甘えてみる。

- [ ] し、かなわない相手を素直に「すっげぇ」と思う。

- [ ] でも自分が認めた相手じゃないとヤダ。たとえ上でも操られてるように見せかけて実は操っている。フフ。

- [ ] **お金を持ってると全部使っちゃう。**

- [ ] いつの間にかサイフが空っぽ。
  どーでもいいレシートしか入ってない。
  しかも折れたりとかしてる。

- [ ] というか、サイフの中が大荒れ。

- ☐ 実はすごく涙もろい。

- ☐ ドラマとか映画で素直に泣く。

- ☐ 「動物もの」とか「泣けるアニメ」には特に弱い。

- ☐ でも変なトコ冷静。ありえねーってゆー場面で笑う。
  「ププっー！　ないだろー、それ」

- ☐ でも笑ってるのは自分だけ。

- ☐ **ダメ出しに弱い。すごいヘコむ。**

- ☐ でもヘコんでるのを絶対気づかせたくない。
  「別に、全然へっ……、気にしてないし。ヘイキだし」

- ☐ ヘコまされた相手は、いつか必ずヘコまし返す！
  「このヤロー。こいつベッコベコ×3決定」

- ☐ とゆーか、その相手に「すごいよね！」って言わせたい。

- ☐ **なんて言うか、相当な負けず嫌い。**

- ☐ じゃんけんに負けただけでも、ちょっとイラッとする。

☐ 挫折しない。

☐ しそうになるけど、持ち直す。

☐ その代わりにストレスが口からだだ漏れる。
「もぉヤダー。つらいー。やめたいー」

☐ でも、やめない。

☐ たまにとんでもないマヌケをやらかす。

☐ だから「伝説の大ボケ談」を持っている。
「カバンからTVリモコン」（あれ？　携帯デカっ！）
「1日間違えて集合場所へ」（ルンルン→誰も来ない不安）
「単位計算ミスで学校に足止め」（♪あおーげなーい）

- **褒められるのは好き。**

- **自分は褒められて伸びるタイプだ。とか思っている。**

- し、言う。堂々と。

- でも言うと、「自分で言うなよ」ってつっこまれる。

- 「ホントだもん。じゃあ、どー言えばいいんですかぁ!」って思う。褒めてくれれば伸びる子だ。ブーブー。

- 本当は血液型の話ってどーでもいい。

- 「何型はこういう性格」って言われても、「ふうん。そーなんだー」ってなる。

- でもその話題で盛り上がるなら、全然オッケー!

- **結論が日替わり。**
  「この前言ってたことと違うじゃん!」
  「だって、今日は今日だから」

☐ **ウソをつくのは苦手。**

☐ がんばってウソをついても絶対にバレる。

☐ 顔に出る。態度に出る。どもる。もう、しどろもどろ。

☐ で、目が泳ぐ。

☐ 最終的にいろんなトコロが不自然に泳ぎ出す。

☐ でも、その場の雰囲気を壊さないためにウソをつく場合がある。

☐ ウソっていうか、話を合わせるって感じ。

☐ 「縁の上」の力持ち。

☐ 縁の下なんて入らない。「だって目立たないじゃんかー」

☐ **話のサイズは、事実より1.5倍デカイ。**

☐ 「大げさだなぁ」と思いながら、ついつい出ちゃう。

☐ けど、それで説得上手の座はもらった。

☐ 1.5倍で話す。
　　→さらに擬音でフォロー（ダイナミックに）。
　　→相手がその気になり出す（あと一歩）。
　　→お得意の身振り手振りでダメ押し。
　　→ものすごい納得してくれちゃった。
　　→任務完了。っと。

- [ ] **スゴい頑固。**

- [ ] でも頭が固いわけじゃない。

- [ ] 自分でこうと決めていることは、誰がなんと言おうとゆずれない。絶対ヤダ。

- [ ] 人の意見、アドバイスなんてポイする。

- [ ] 「必要なときはこっちから聞くから」とか言って。でも、答えはすでにある。

- [ ] それで失敗しても全然平気。

- [ ] 自分の思うとおりにやって失敗するほうが、人の意見で失敗するより何百倍もいい。

- [ ] 機嫌がイイと、「独り言」が出てくる。

- [ ] もっといくと、「鼻歌♪」も出る。

- [ ] さらにいくと、「歌♪♪」を熱唱。鼻だけじゃもうおさまらない。

- ☐ 悔し泣く。

- ☐ ときは独りでこっそり。

- ☐ 悲し泣く。

- ☐ ときは人前でハデに。

- ☐ **かなり勝負強い。**

- ☐ 「ここ！」ってときには集中力と強運がフル稼働。

- ☐ とゆーか、なんか「いける！」と思う（勝負師のカン？）。

- ☐ そーゆー予感はたいがい当たる。
  「ほらきた。そーだと思ったんだ」

- ☐ 逆に「ダメだ」と感じると、さっさと手を引く。

- ☐ 「ダメかもしんないけど粘ってみるか」はしない。

- ☐ 無駄な努力するのはヤー。

☐ 緊急事態になると、すべての機能が止まる。

☐ そーゆー場合の判断は、人にお任せする。

☐ とゆーか、緊急事態がトクイなヤツがなんとかしてくれる。

☐ ところが、普段はおそろしく役に立つ人材。

☐ 使われ放題で本領発揮。

☐ 人の役に立つと、すがすがしい気分になる。

☐ し、役立つ自分がウレシくなっちゃう。もうたまんない。

☐ 自分の価値が高まったような気がするから。
　「必要だよね？　自分必要だよね？」

- **けっこう熱い血が流れている。**
  サラサラーっていうよりドドドドー。

- でも、熱血しすぎで引かれることがある。

- し、自分でも「またやっちまったか……」と思う。

- それでもやっぱりまたやっちゃう。こりない。

- 「とっさの判断」が意外とアマい。

- それで大変な目にあう。

- 「だってさ、急にさ、あんなんなってもさ、そんな急に言われてもさ……」

- けっこうキツイ冗談を言うことがある。

- でも実は冗談じゃない。冗談ぽくした本音。
  「笑って流そうとしてるけど、本音だからね。流せないよ」

- 「あきらめ早い風」だけど、腹の中では「引きずる風」。

- ズルズル何かがずっといる。

☐ いいかげんぽいけど、責任感は強い。

☐ 特に自分だけに何かを任されたとき。

☐ 「なんとかせねば！」と張り切る張り切る。

☐ 必要なら徹夜だってするする。

☐ リッパにやりとげたら心の中でガッツポーズ。
「やってやったぜ自分！」

☐ もう朝だけど。寝てないけど。そのまま出かけてゆく。

☐ で、午後しんどい。

- ☐ 物事を難しく話すのが苦手。

- ☐ 難しい話のはずなんだけど、わあ不思議。
  話しているうちになんだか単純な方向へ。

- ☐ **けっこう計算する。**

- ☐ 誰とどう付き合ったら自分がトクするか。
  ここでどう振る舞ったら自分が有利になるか。
  そのときの計算に全精力を注ぐ。スーパー速い。

- ☐ 自分をひと言で言うと、「大胆な小心者」。

- ☐ 「やってはみるけどビクビクしてる」じゃなくてその逆。

- ☐ 「やるまでがウダウダ。やっちゃったらつっ走る」
  もう止まらないんダダダダダダダダダーーー→

- [ ] ものっスゴい我慢強い。

- [ ] でも短時間だけ。

- [ ] 我慢してることにガマンできなくなる。

- [ ] 「ここまで」っていうラインがあれば、がんばれる。

- [ ] 我慢大会系とくい。

- [ ] だし、1ヶ月間1万円でなんとかしてみせる。

- [ ] 気前の良さでけっこう損する。
  「お店の奥側のフカフカ席をゆずる」
  「電車の窓側のいい景色独占をゆずる」
  「ゆずり合いになる前にゆずる」

- [ ] 「ほんとうはゆずって欲しいときだってあるのになー。
  ちょっとくらいゆずってくれよ」と思う。

- [ ] だから、自分より先にゆずってくれる人がいると大好きになる。

☐ たまに、物事の本質を鋭く突く。
「それって、こうだね？」フフン。

☐ そんなキャラじゃないから感心される。

☐ と、なんか、「ん？」ってなる。

☐ **「将来の夢」が、いつまでもある。**

☐ 何歳になっても。いい歳こいても。

☐ ＴＶとか漫画でヒーローものの主人公を見てると、妙な親近感が湧く。

☐ 全員Ｏ型のニオイがするから。
「むっ？　誰かが呼んでいる！　助けねば。とぅっ！」

- ☐ キンチョーするような場面はけっこう苦手。

- ☐ だからキンチョー感がダラダラ長びくのが耐えられない。

- ☐ たとえば何かを発表するような順番は早いほうがいい。

- ☐ 発表の順番、一番最後って、ありえないだろぉぉぉぉ。

- ☐ あと「結果は後日」ってゆーのも「今」にズラしたい。

- ☐ １つの情報だけで「すり込み」される。

- ☐ 新たな情報入手後、その誤りに気づく。

- ☐ しかも誰かに話したあとだったことがある。

- ☐ 自ら訂正すべきか、黙っておくか、右往左往する。

- ☐ そしてそれを知っててわざとウソついてからかってくるヤツもいる。

- ☐ 「単純って言うな！」

- ☐ 実はかなり野心家だったりする。

- ☐ でも「実は」でもなんでもなくバレバレ。

- ☐ 度胸はある。

- ☐ だから、サバイバル的な状況に強い。

- ☐ 打たれ強い！

- ☐ 順応性が高い！

- ☐ でも鈍感！

- ☐ だからこそやっていける。

- ☐ どんな時代、どんな国に行っても、生きていけそう。

- ☐ でも「１人で生きていけそう」って言われて、思ったよりショックを受けました。あれは大打撃でした。ってゆーことがあった。

3　外部接続

他人

- [ ] **食べ物をくれた人になつく。**

- [ ] 特に腹ペコ時にくれた人に、並々ならぬ恩を感じる。

- [ ] あんまり好きじゃなかった人ですら、食べ物くれると好きになる始末。

- [ ] 自分でも止められないので、「むやみに食べ物を与えないで下さい」。

- [ ] でも大声では言えない。

- [ ] 人の顔と名前は、「スゴイよく覚える」と「全然覚えない」の両極端。

- [ ] すぐ覚えるのは上下関係や利害関係のある相手。

- [ ] うろ覚えなのは、それ以外の人。
「忘れてる人たちゴメン！　悪気はないんだ」と、誰だか思い出せない人たちに言っておく。

☐ 人にものを教えるのが好き。

- [ ] 自分が得意なこと、よーく知ってることを、とにかく人に教えたくて教えたくて仕方がない。

- [ ] でも自分は教えてもらいたくない。いらない。

- [ ] 聞いてないのに教えてくるのとか大キライ。

- [ ] でも、ちゃんとした専門家の指導はアッサリ受け入れる。

- [ ] 勝てそうな相手にはかなり強気。

- [ ] 勝てそうもない相手はいない。だって避けて通るから。スカー。

- [ ] ワイワイもいいけど、親しい人とサシでじっくり飲むのも好き。

- [ ] そういうときに語り始めると、もう止まらない。

- [ ] で翌日、「うわー、語っちまった！」って恥ずかしくなる。

- [ ] イヤミと分かるまでに時間がかかる。

- [ ] 言われたその日、帰宅してから気づく。
  「あんときのってイヤミかっ！　なんだクソっ」

- [ ] 後日、その人に会ったときは忘れてる。

- [ ] 会ったその日、帰宅してから気づく。
  「あっ、忘れてた。なんだよぉーああもう」

3　外部接続

- [ ] 自分をネタにされた話題に照れる。

- [ ] で、照れたことまでつっこまれるコトに照れる。

- [ ] 「あー、耳まで赤いー」とか言われて、もうパニック。

- [ ] 「もおいいよ！　早く次いけ！　ヤメてくれー‼」
「こんなの違う。これは自分じゃない。違うんだ」

- [ ] 「ありがとう」「ごめん」は、自分からどんどん言う。

- [ ] でも、家族とかすごく親しい人に対しては、なぜか言えない。

- [ ] 大切な人を大切にしない。

- [ ] くせに、どーでもいい人に気を遣いすぎる。

- [ ] 近い相手に対しては、ぶきっちょでぶっきらぼう。

- [ ] 「でも本当はものすごく大事に思ってるよ。ほんとだよ」

- [ ] とは言えないぶきっちょ。

- □ **「ないしょの話」をうっかりしゃべっちゃう。**

- □ でも、トラブルになったことは不思議なくらいない。

- □ 自分のヒミツもその場の雰囲気でしゃべっちゃう。

- □ あー、言わなきゃよかったぁぁぁぁぁと後で思う。

- □ でもそんなことはすぐに忘れる。

- □ 聞かされたほうも、そんなことは忘れてる。

- □ **周りの空気をすごい読む。**

- □ とゆーよりその場にいる1人1人の色々なものを読み取る。
  「心」とか「考え」とか「行動」とか。

- □ そしてよけいなものまで読み取っちゃう。
  「思惑」とか「本音」とか。

- □ 読めたら読めたで、けっこうおもしろい。

- □ でも、疲れたぁぁぁあああ。ってなる。

3 外部接続

- **酔ったヤツの介抱係。**
  「何度この肩を貸したことか」

- 電車ではガンガン席をゆずる。

- でも疲れてるときは寝てますよの格好。

- ほんとはただ目をつぶっているだけ。
  目玉にまぶたをかぶせただけ。長ーいまばたき。

- 心の中で言い訳する。
  「スマン、今日すっごく疲れてるんだよ。
  見た目普通だからあれだけど。しんどいんだぁ」

- けど、本当に悪いと思ってるし良心がズキズキしてる。

- **なぜか子供に好かれる。**

- ってゆーより「友達」として見られる。「タメかよ……」

- でもたしかにね、一緒んなってゲームとか熱くなるしね。
  子供相手でも容赦ないしね。そうだね、同レベルだね。

- だから勝ちはゆずらん！

☐ 人のうちに遊びに行くときは、ちゃんと土産を持っていく。

☐ おうちの人にも礼儀正しい。

☐ 「借りてきたネコ」をかぶる。

☐ 人にオゴるのが好き。

☐ だからってお金がないときはしないのであしからず。

☐ 人からオゴられるのは苦手。

☐ オゴってもらうと、なんか悪いなーって思っちゃう。

☐ ワリカンでも端数とかは気にしない。

- [ ] メールの返信が遅い。

- [ ] 「忘れているわけじゃないんだ。なんて返そうか、どーしよ、なんか深刻っぽいし、長い文に短く返すのもなぁ、ああ、どーしよ」ってゆーのが真相。

- [ ] でも、あるときはメール来たことに気づかないで放置していた。

- [ ] またあるときは、あんま好きじゃない人から来たので、「メールはなかった」と自己暗示をかけた。

- [ ] 返信が遅いと文句を言われたら、「忙しいから」が決まり文句。

- [ ] メールしたのに返事が遅いとイラッとする。

- [ ] だってちょっと不安になっちゃうから。
「なんかマズイこと書いちゃったんだろうか」

- ☐ **自分のことを知ってくれ願望がある。**

- ☐ でも、「オマエのことはなんでも知ってる」みたいな顔されるのはムカつく。

- ☐ 知ってほしいけど把握されたくはない。

- ☐ **たまに独りになりたくなるときがある。**

- ☐ そういうときは、ちゃんと独りの時間を持つ。

- ☐ そんな自分を「大人じゃーん」とか思う。

- ☐ でもさびしん坊だから「仲間シック」になる。
「会いたい。ワイワイしたい。独りはやだぁぁぁ」

- ☐ **他人に自分がどう見られているかが気になる。**

- ☐ スゴい知りたい。もうたまらない。

- ☐ だから、第三者的なヒトからこっそり情報収集する。
「ねえ、なんて言ってた？」

☐ 人と食べ物を分け合うのは平気。

☐ 別々の料理を頼んで、「それちょーだい！ こっちのもあげるから」する。

☐ でも、1人でこっそりウマイものを食べてるときに、「横からひとくち」されるのは大大大キライだぁぁぁ！

☐ 「出せ！ それ、今クチに入れたもん出せ！ そんで新しく買って詫びてみせろ！」

☐ 「お楽しみ」をうばった罪は重い。

☐ 電車の中とかでマナー違反を見かけるとイライラする。

☐ でも自分もウッカリやっちゃう。

□ 人から励まされるのが苦手。

□ 励まされると「何やってんだ自分」って、スゴい情けなくなる。

□ だから、そこは触れないでそっとしておいてほしい。

□ 「大丈夫だよ。そーゆーときもあるよ」
「大丈夫!?　大丈夫じゃないから落ち込んでんだっ。そーか、じゃあ何とかしてくれるんだな？　そーだな？」

□ 知らないことを知らないと言うのは平気。

□ でも、それをバカにされるとムカッ腹立つ。

□ 「エーっ！　知らないの？」みたいな過剰反応とかヤダ。
これから知るんじゃ————！　ってなる。

□ 「人に親切になろう」「人の話をちゃんと聞こう」
今週の目標守れた人ー？……ハイっ！

□ のように、人に親切。話もちゃんと聞ける。

3　外部接続

- ☐ **実はけっこう人見知りというカワイイ一面がある。**

- ☐ 人見知りだけど協調性でカバーする。

- ☐ 今日初めて会った「友人の友人」とかの前だと急におとなしい。さっきまであんなに騒いでたのに。

- ☐ 初対面の相手は、ニコニコしながらかなり警戒。

- ☐ いろいろ観察して「こいつ大丈夫」と思ったらようやく安心。

- ☐ 「こいつキケン」と思ったら、ニコニコしつつ高くて分厚〜い壁を築く。大砲も完備。何かあれば容赦なく発射。

- [ ] 多数決には素直に従う。

- [ ] そしてあとでブーブー言う。こともある。

- [ ] 飲み会に参加するのは好き。お酒が飲めなくても。

- [ ] 飲み会でケンカが始まると仲裁係。
「まあまあ、酒の席でのことなんだから」

☐ 情け深い。やたらと人情にアツい。

- [ ] たまに相手をかまいすぎてウザイ者扱いされる。

- [ ] 「あいつホントお節介」と陰口たたかれる。

- [ ] 「でもまあ、そこがいいところじゃあないか。ねぇ？」

- [ ] 困ってる人がいると声をかけずにはおれない。

- [ ] 街でもよく人助けをする。

- [ ] 「ダメだよ、色々しょい込むハメになるんだから。絶対」
と思いながら、お助けマンする。

3 外部接続

- [ ] なぜかお年寄りに好かれる。

- [ ] そしてすごい仲良しになる。

- [ ] 年上の人と話してると、いつの間にかタメ口になる。

- [ ] でも怒られたりしない。

- [ ] 先生とか先輩にもタメ口だった思い出がある。

- [ ] **自分がしゃべる方になる。**

- [ ] でも自分ばっかりしゃべるのは相手に悪い。

- [ ] から、ちょっとだけ自粛する。

- [ ] 誰かがうまくできなくてもたもたしてるの見ると、手を出したい。

- [ ] すごいウズウズする。

- [ ] から、やっぱガマンできなくて手出した。

- [ ] 動物と会話する。
    「おう、元気か。そーかそーか」

- [ ] 一方通行。でも、気は合う。なんか分かる。

- [ ] 人にプレゼントをするのが好き。

- [ ] 何あげようか探しているときがいちばん楽しい。

- [ ] 楽しいけど、あまりにも決まらないと、どーでもいい物になる。

- [ ] 「物じゃないよ。考えた時間に価値があるんだ」と言い聞かせる。自分に。

3 外部接続

- あいづちを打つのがうまい。

- 相手の話を引き出すのがうまい。

- 誰かの秘密を聞き出すのもうまい。
  「へぇ、そーだったんだ。あの人がねぇ」

- どうやら「話しやすい人」と思われてるらしい。

- よく相談事をされる。

- 真剣になって話を聞く。し、現実味のあるアドバイスができる。

- けど、ホントは人の相談にのってる場合なんかじゃない。自分が大変なコトになっている。

- みんながワイワイ盛り上がってると、それにお付き合いしなきゃいけないという気になる。

- 落ち込んでるときでもテンションは最高潮。ムリヤリ引き上げる。

- で、何やってんだ自分。て思う。

3 外部接続

- [ ] よく道を聞かれる。

- [ ] しかも、自分もよく知らない土地なのに。

- [ ] でも、聞かれるとすんごくていねいに教える。

- [ ] 地図とか描いてあげたい。道具があればやっちゃう。

- [ ] 逆に答えられないとスゴく悪いことをしたような気になる。知らなくても調べようかと一瞬迷う。

- [ ] 待ち合わせには、時間ピッタリに行く。

- [ ] もしくは、ちょっと遅れ気味。

- [ ] 相手が遅れても別にヘイキ。てきとーにブラブラできる。

- [ ] でも連絡ナシで遅れてくるとイカる。

- [ ] 「動けないじゃんかっ!　連絡しないなら間に合えっ!」

□ **人の好き嫌いはなさそうに見える。**

□ だけ。

□ 腹の中では好き嫌いの嵐が巻き起こっている。

□ キライだけど、そこそこ合わせることはまあできる。

□ でも何年かに1度くらいの周期でやってくる、「どーしてもヤダ」と思うヤツとの出会い。

□ どーしてもおんなじ空気は吸いたくない。
　どーしてもおんなじ場所には居たくない。

□ どーしようもなく黒いもんがグルグルしてくる。全身が拒否反応。そーゆー気持ちが態度からちょいちょい漏れ出している。

- □ 自分の評価が気になる。

- □ がんばった分だけ、正当に評価してくれ。

- □ いや、「正当以上に」かもしんない。

- □ がんばり屋さん。

- □ だけど欲ばり屋さん。

- □ **電話が長い。**

- □ し、用件プラスαの「α」の方が多い。

- □ イジメられたり裏切られたりしても、根に持たない。

- □ だから、一悶着あった相手とも、その後トモダチになれる。

- □ ネチっこいケンカはしないけど、勢いのあるケンカはする。

- □ 「ギャースカギャースカ！」 →冷戦2分→冷静に考える→「ゴメン！」「スマン！」→元どおり→この間、約8分。みたく。

3 外部接続

- ☐ 結婚披露宴でスピーチや余興を頼まれる。

- ☐ で、頼まれるとスゴい張り切る。

- ☐ 盛り上げるために色々考えちゃう。

- ☐ のに、本番になると練り上げた計画無視で大暴走する。

- ☐ でも、盛り上がった。あー充実したぁ。

- ☐ 旅行に行ったら、お土産を買ってきて仲間に配る。必ず。

- ☐ だって旅行に行く前から、なんにしよーか考えてる。何があるかも知らないのに。

☐ 自分よりズボラな人の前では「オカン」に変身する。

- ☐ あれこれ世話したくなっちゃう。

- ☐ 自分のみに戻ると色んなことがおろそかに。

- ☐ 人の世話焼いてる場合じゃない。と思う。

☐ 自分ちに人を呼ぶのは好き。

☐ あれこれオモテナシしちゃう。

☐ 人が帰ったあと、予想以上にグッタリする。
さっきまでの笑顔とか微塵もナイ。

☐ **人んちに行くと、まるで我が家のように振る舞う。**

☐ 「家族ですか？」ってくらい普通にいる。

☐ 初めての場所とか人の中でも、すぅっと溶け込む。

☐ もしかして、ずうずうしい？

3 外部接続

- ☐ 時々、大事な話を聞き逃すことがある。

- ☐ なんでかって言うと、ぼーっとしてたから。

- ☐ あと、考え事でいっぱいだったから。

- ☐ **知り合いはいっぱいだけど、本当の友達は数少ない。**

- ☐ 親友とはかなり深ーく長ーい付き合いになる。

- ☐ **知り合いの前と親友の前とでは、態度がぜんぜん違う。**

- ☐ 声のトーンも違う。

- ☐ 悩んでても知り合いの前では出さない。
  親友の前では必要以上にメソメソする。
  「つらいんだぁ。苦しいんだぁ。あぁ」

- ☐ 「仲間」は大事。

- ☐ 「みんなでガンバローぜぃ！」みたいなノリが好き。

- ☐ 昔の青春ドラマのノリが妙にぴったりくる。

- ☐ みんなで夕日に向かって走りたい。

- ☐ 仲間の失敗によって深まる絆。

- ☐ 「よしっ、みんなでフォローしよう！」ってなる。

- ☐ でも、そんな「仲間」たちのさまざまな関係の図が、頭の中にちゃんと出来上がっている事実。だいなし。

- ☐ それぞれの事情が渦巻いている。
 「あいつはこいつがキライ。そいつはこいつが好き。あっちはそっちに頭上がらない」とか。

☐ 人間関係がドロドロしてくると逃げ出す。

☐ 複雑すぎると迷子になっちゃうし巻き込まれたくない。

☐ でも、仲間はずれはヤだから情報だけは知ってたい。

☐ 人から甘えられるのは好き。

☐ 懐いてくると、ヨシヨシ、ナデナデという具合。

☐ 風邪ひいたヤツの看病をかいがいしくする。

☐ 捨て猫とかも拾っちゃいそうになる。

☐ 人から欠点を指摘されても、反省すらしない。

☐ そこが長所です。

- [ ] 自分が悪いことをしちゃったときには一応反省。

- [ ] でも頭の中ではいろんな言い訳がグルグルしてる。

- [ ] 「そーだよな、悪いことしたな。でも……」
  の「でも」は必須。こっちの言い分もある！

- [ ] **回りくどい話は苦手。**

- [ ] とゆーか、結局何を言いたいのか解明できない。

- [ ] 「話は簡潔に、ストレートに頼むっ！」

- [ ] 結論がなかなか出てこないグダグダ話も大キライ。
  「きのうさー、あーでこーでそーでさー、そんときアイツ
  がさー、あー、なんて言ってたっけなぁ」
  「……（怒）」

- [ ] 誰かによると「一言多い」らしい。

- [ ] 「本当のことなら何でも言っていいと思うな」と言われた
  こともある。コワイよう。

3 外部接続

☐ 何週間も先の約束は、何週間も先じゃないとできない。

☐ 覚えてらんない。

☐ 今分かんない。

☐ ずっとテンション維持してらんない。

☐ から、近くなったらまた。じゃ。

☐ 大勢の中では流れに合わせる。

☐ 親しい少人数でいるときは、けっこう自己主張する。

☐ 「どうしたい？」の問いに「なんでもいい」はしない。

☐ だって、それをやると
「なんでもいい」→
「じゃ○○は？」→
「今日はそーゆー気分じゃないんだー」→
「なんでもよくないじゃんか！」と怒られるから。

- [ ] なんだかんだでO型は好かれやすいんじゃないかと思う。
- [ ] 大らかでポジティブなのがいいらしい。
- [ ] でも、陰でアホ扱いされやすい気もする。

☐ 悩みごとは誰かに話してスッキリ。

- [ ] １つの悩みを複数の人に話す。
- [ ] あっちこっちでしゃべって、さらにスッキリ。
- [ ] で、どの人にしゃべったか忘れちゃう。
- [ ] から、同じ人に同じ話を何度もしている。
  と思うけどやめない。
- [ ] 外でよく知り合いに出くわす。という不思議。
- [ ] なんであんなに自分ばっかり？　と思う。
- [ ] し、あんまり会いたくない。
- [ ] でも発見される。

3　外部接続

☐　理屈をこねられると腹が立つ。

☐　「理屈よりハートだろうがぁぁぁぁぁ！」

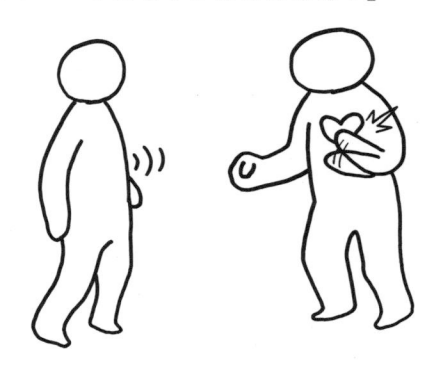

☐　よく「お誘い」がくる。

☐　と、「え？　ホントはその日ダラダラしたいんだよなー」と思う。だって疲れてるから。

☐　でも「疲れてるから」という理由では断れない。
自分の時間なのに自由を主張できないあの圧力は何だ。

☐　個人からの誘いはムリしない。お断りします！

☐　みんな来るのは這ってでも行く。

□ 勝手に「ライバル」と思ってる相手がいる。

3 外部接続

□ それが「有名人」とか「歴史上の人物」。

□ Ａ型のあの細かさはどーも苦手だ。
でも自分にはできないから、かなわないと思う。

□ Ｂ型のメンドーを見るはめになる。
でも一緒にいるとオモシロイから許す。

□ ＡＢ型とはほどよい距離でつき合いたい。
あの奇妙なセンスは、いい意味で笑えるし刺激になる。

□ Ｏ型の人は楽。同じような空気感とズボラさが
ピタリとくる。でも境界線は越えさせない。

4　色々な設定　　　傾向／趣味／特技

☐　**ハマったらとことん。**

☐　**で、突然飽きる。もーいい。**

☐　何かしら熱中できるものがないとツマラナイ。

☐　だから飽きたらすぐに次の楽しみを探す。

☐　結果、「いつも楽しそうな人」になる。

☐　**実はかわいいもの好き。**

☐　キーホルダーとかがこっそりカワイイ。

- [ ] カラオケが好き。

- [ ] だけどいつも歌いたい曲を歌えない。

- [ ] 人と行くと「みんなで歌おう系」を選んじゃうから。独りよがるコトはない。

- [ ] だから「ひとりカラオケ」をやってみたい。

- [ ] でも「勇気 VS 弱気」の闘いで弱気が勝つ。とゆーか負け？

- [ ] と思ってたけど、1回やったらすぐ慣れた。

- [ ] なんか人生を感じさせる曲が好き。

- [ ] 懐かしのアニメソングもわりと好き。

- [ ] ダイエットはすぐに効果が出ないとヤダ。

- [ ] 成功してもすぐ戻る。

- [ ] を、何年もかけてくり返す。

4 色々な設定

- ☐ **けっこう舌が肥えている。**

  - ☐ でも素朴な粗食も愛する。スルメとか。

  - ☐ 食べるのが速い。

  - ☐ おいしい食べ物屋は看板を見ただけで分かる。

  - ☐ 鍋奉行、やる人がいなければやる。

  - ☐ でも、よそるのテキトーすぎ。
    「もうちょっと均等によそれよ」と苦情がくる。

  - ☐ 鍋のあとの雑炊はかなり気合いを入れて作る。

  - ☐ 雑炊奉行。

- ☐ **お祭りの露店にワクワクする。**

  - ☐ どれを買うかの基本は押さえてる。

  - ☐ ヤキソバ、たこ焼きの露店ははずせない。

  - ☐ 実は、一巡する間に店の位置を把握している。

- **もったいながり。**

- [ ] もったいないから全部食う。

- [ ] もったいないから最後までやる。

- [ ] もったいないから捨てらんない。

- [ ] 行事やイベントで妙に張り切る。

- [ ] テンションが上がって、いつもの数倍おしゃべりになる。

- [ ] 遠足の前日に眠れないタイプ。
  「そわそわ。ZZZ……そわそわ。あーダメだ。眠れん」

- [ ] 当日ボロボロで参加する。
  のに、がんばって元気をふりまく。

4 色々な設定

- ☐ **ルールとか操作が複雑なゲームはめんどくさい。**

- ☐ テトリスみたいなシンプルなゲームが好き。

- ☐ ものすんごいハマる。もう必死。楽しむ域を超えている。

- ☐ で、ある日ウソみたいに突然やめる。

- ☐ なぜかボウリングがうまい。

- ☐ やりに行くたび研究してる。遊びじゃない。本気。

- ☐ 服の流行を追っかけたくない。

- ☐ かといって全然無視するわけでもない。

- ☐ 自分なりの「おしゃれ基準」がある。

- ☐ 着古して馴染んだシャツが好き。

- ☐ どこで売ってるんだか不明の変な服を持っている。

☐ 健康オタクっぽいところがある。

☐ ツボ押し大好き。

☐ 病気自慢をしてしまうことがある。

☐ 昔の病気やケガも語る。
「去年のインフルエンザで熱40℃超えた」
「小3のとき、チャリでコケて腕の骨折った」
「ほら見て見て、コレ、転んだときの傷あと」

☐ **蚊やダニにすぐ刺される。**

☐ 「そんなにおいしいですか？」でも全然ウレシくない。

☐ 誰かに「一緒にいると蚊に刺されないですむ」と感謝される。でも全然ウレシくない。

- [ ] **散歩するのが好き。**

- [ ] 行きつけの公園とか土手がある。

- [ ] 旅先で、知らない街をフラフラするのが好き。

- [ ] 自転車であっちこっち巡るのも好き。

- [ ] 観光地の「貸自転車屋」に吸い寄せられる。

- [ ] 信じられない距離をチャリ通したことある。

- [ ] もうそれ「通」じゃない。軽く旅。

- [ ] で、帰りがおっくうになる。

- [ ] 味のある古風なものと肌が合う。日本庭園、昭和の建築物、下町商店街、アンティークの家具とか。敷き布団とか。

- [ ] **インテリアに凝ったりする。**

- [ ] **割には部屋汚い。**

- [ ] 外ではきっちり、家はゴミ溜め。ぐっちゃぐちゃら。

- [ ] どこをどーしていいか分かんないまま放置している。

- [ ] 脱いだ服をバサっ。一応シワにならないように広げてる。その下には昨日の服が。その下には一昨日の服が。その下には……。

- [ ] そうやって積み上げた服の塔がある。ゆらゆらする。

- [ ] 物が多すぎてはみ出す。ごちゃっと。

- [ ] 明らかに棚足りない。でも置く場所なんてない。

- [ ] から、ずっとはみ出したまんま。

- **行列に並びたくない。**

- でも食べ物屋だったら、1回くらい並んでもいい。

- でも毎度並ぶ店はおいしくても二度と行かない。

- 「空いてて」「おいしくて」「こじゃれた」店をいっぱい知ってる。

- 遊園地のアトラクションに並ぶとゲッソリする。

- ちょいちょい進むけど、テンションもちょいちょい下がる。

- でも自分の番がまわってくると、テンション一気に急上昇。

- 並んでつらかった思い出など、何年も前のことのように忘れる。

- で、次のアトラクションでまたテンション下がる。
「えええぇぇぇぇ50分待ち〜↓」

- ☐ 映画は「単純明快ストーリー」「ドキドキ・ハラハラ」「アクション・冒険・爆発ドカ～ン」系が好き。

- ☐ 「芸術的な映画」では爆睡。内容も最初しか分からない。

- ☐ **ダラダラ中に家から出るのおっくう。**

- ☐ なクセに、深夜にコンビニとか行く。

- ☐ どーでもいい服装で。パジャマじゃなければ立派に服だ。

- ☐ パソコンの入力は速いけど、指使いは自己流。

- ☐ キーボードにカバーをつけるのはキライ。

- ☐ だから黒ずんでいる。よく使うとこだけツルピカ。

- ☐ **1日坊主。**

- ☐ 挫折ではない。決して。

- ☐ 変な生き物が好き。深海魚とか。

- ☐ ブサイクな可愛さに心を惹かれる。

4 色々な設定

☐ なんか耳掃除が好き。

☐ 大きいのを取ることに燃える。「あ、きた★」

☐ 耳かき道具にこだわりがある。
「先のビヨビヨなったヤツはダメ。このカーブだよ♪
美しい曲線だ」

☐ 綿棒も好き。

☐ **その場に合わせたおもしろい話ができる。**
「宇宙規模の深い話」「本当にくだらなすぎるバカ話」
「何かの詳詳詳細情報」「なんでもござれ」

☐ スポーツ観戦で「すごい展開」を見逃す。

☐ ほんとにちょっと目を離したスキをつかれる。

☐ 真っ暗じゃないと眠れない。

☐ オレンジの豆電球も気になる。

☐ 温泉卓球が好き。

☐ エアホッケーに燃える。

☐ 自分ジンクスを持っている。
「階段は右足から」「横断歩道は白いとこだけ」
「並んで歩くときは左のポジション」

☐ 読書は好きな作家にとことんハマる。

☐ 図鑑系もけっこう好き。絵や写真を見てるだけで楽しい。

☐ でも虫はヤダ。

☐ 途中で挫折した本が部屋のあの辺とかその辺にある。

☐ 読んですごくよかった本は人にもすすめる。

☐ で、メイワクがられる。「だってよかったのにー」

4 色々な設定

☐ **旅行は無計画の行き当たりばったり。**

☐ 計画を立てるとしたら人任せ。

☐ ツアーにのっかるのはラクだけど、行きたくないところに連れていかれるからやっぱヤダ。

☐ 月単位の船旅がしてみたい。

☐ だけど途中で飽きそうな気がしている。

☐ 寝台列車の旅もいいなぁ。

☐ **列車の旅なら駅弁は絶対はずせない。**

☐ 変な名前の料理はとりあえず注文。
「南国のそよ風？」「すいもあまいもん？」
なんだろう？　頼もう！

- [ ] 押し入れで寝てみたい。電気とか色々持ち込みたい。

- [ ] 秘密基地がほしい。昔も今も。いや、今の方がもっと。

- [ ] **雑貨屋が好き。**

- [ ] 品物を見てると幸せになる。

- [ ] デパートの日用雑貨売場とか家具屋とかも全然飽きない。

- [ ] べつに買うものなくてもぐるぐる見て回る。

- [ ] シンプルアイデア商品も買わないのにじっくり見る。
「へぇ、なるほどねー」って、1人勉強会になってる。

4 色々な設定

- **ある1つのジャンルで、専門家並の知識を持っている。**

- でも、別にその道を歩いてないから、酒の肴として無駄づかいする。

- **お笑い番組が好きだ。**

- 「笑い」にはけっこううるさい。

- 「笑い」を見てるのに「語り」にはいる。真剣に。

- 一見つまんなそうなシュールな「笑い」がけっこう好き。

- 美術館、博物館、けっこう好き。

- 動物園、水族館、もっと好き。

- ↑行くときはなんか気合いを入れる。

- ☐ ラクダに乗って砂漠を旅してみたい。

- ☐ チベットの高原とか馬で走りたい。

- ☐ 海でイルカとたわむれたい。

- ☐ つまり「だだっ広いところ」＋「動物」＋「自分」＝なんでもない3つの要素が合わされば最高のハーモニー。

4 色々な設定

5　プログラム　　　　　仕事／勉強／恋愛

- [ ] **仕事の呑み込みはかなり早い。**

- [ ] 手際もいい。

- [ ] 自分は有能だとか思っている。

- [ ] ただし、とんでもないポカをやらかすことがたまにある。

- [ ] だから、聞かれてないのに言い訳したおす。

- [ ] ノらない仕事はぐだぐだ〜ん。

- [ ] 期間が長い仕事もぐだぐだ〜ん。

- [ ] 短期決戦でしか「テキ！　パキ！」しない。

- [ ] 仕事が終わったあとの一杯は最高！

- [ ] 仕事中の息抜きタイムも大好き。

- [ ] **後輩指導を任されると必要以上に張り切る。**

- [ ] 話の分かる先輩を目指し、指導はビシッと。

- [ ] 「いい先輩」である自分がウレシい。

- [ ] でも面倒見よすぎて、叱る意味をなくしちゃう。
「またガミガミだよ」って思われ、ここぞのときに伝わらない。

- [ ] 自分が下の立場だと、上の人によって勤務態度が決まる。

- [ ] 話の分かる人、信頼してくれる上司なら仕事熱心になる。

- [ ] 口うるさいのとか、信頼されてないって感じると、限りなく「お前キライ」に近い「はい」。

- [ ] 会議では張り切って発言。

- [ ] 興味のない会議でも、時間がたつにつれてなぜか真剣になる。

- [ ] 思いっきり眠くなるときもあるけど、限りなく「寝てる」に近い「薄目だからまだ起きてる」。

5 プログラム

- [ ] **学校、会社には遅刻ぎりぎりに駆け込む。**

- [ ] 学生時代は遅刻の常習犯。でも行くことは行く。

- [ ] **机の上が正直キタナイ。**

- [ ] でも発掘作業するほどではない。

- [ ] とゆーか、必要なものを手の届く範囲に全部置いておきたいからそうなるだけ。

- [ ] 「でもさ、消しゴムのカスとかお菓子の食べカスとかはどうにかしようよ」と自分で思う。

- [ ] **パソコンとかケータイで文章を打つようになって、漢字を忘れた。**

- [ ] 読めるけど書けない。

- [ ] でも辞書を引くのがめんどくせってなる。

- [ ] だから、メール画面で漢字を出す。

- [ ] よって、いつまでたっても覚えらんない。

- [ ] **得意科目「だけ」成績がいい。**

- [ ] 他は地味。もしくは全面的にやる気ナシで壊滅状態。

- [ ] **試験前日の暗記が得意。**

- [ ] 試験はたいがいそれで乗り切る。

- [ ] だから案の定、応用問題でつまずく。
  「っだよもぉー。ここチョロっと変えてんじゃねぇ！」

- [ ] 苦手科目は、つまんないケアレスミスでさらに点数を落とす。

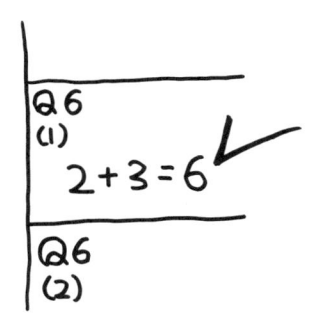

```
| Q6
| (1)
|     2+3=6 ✓
|
| Q6
| (2)
```

- [ ] 理数系はちょっとヤダ。

- [ ] **提出締切間際に発揮するパワーと集中力がスゴい。**

☐　つまんない授業は昼寝か読書。

☐　授業中の私語は、周りに悪いから基本的にしない。

☐　けど話しかけられると相手に悪いから付き合っちゃう。

☐　勉強にマーカーとか色ペンとか使うのキライ。
　　だって、いちいちペンを持ち替えるのメンドーじゃんか。

☐　ノートには矢印とかマルとかの記号が多い。

☐　ノートの端っこに、授業には関係ない独り言を書き込む。

☐　イラストも描く。で、けっこう凝った絵に仕上がる。

☐　こんなノートじゃなくて、ちゃんと画用紙に描けばよかっ
　　たと後悔。
　　「でもこーゆーのじゃないと描けないんだよなー」

- [ ] 初恋はいい思い出。

- [ ] 好きになったら「遠くから見てるだけ」はありえない。

- [ ] **なんだかんだと話しかけ、いつもさりげなくそばにいる。**

- [ ] 気持ちを隠そうとしても、周りにバレバレ。

- [ ] だし、自分から言う。

- [ ] 片思い中は、相手の言動の一つ一つに一喜一憂。

- [ ] 恋人たちのイベントで張り切る。

- [ ] でもだんだんメンドくさくなる。

5 プログラム

- ☐ **若い頃は、「モテモテな人」を好きになる。**

- ☐ ライバル多し。
  でも、必ず自分がゲットすると思い込んでいる。

- ☐ その自信はどこだか分からない場所からやってくる。

- ☐ **異性と気軽に話せるから、なんか勘違いされる。**

- ☐ 「恋愛とかそーゆーんじゃないんだけどなー」
  自慢に聞こえるけど、本当にそうだから本当に困る。

- ☐ 逆に恋人とも友達のノリ。

- ☐ なんでも話せる親友みたいな付き合いが心地いい。

- ☐ でも、けじめはつけないと気がすまない。

- ☐ 友達以上恋人未満とかゆーあいまいな関係はイライラする。

- ☐ 恋人なのか友達なのか。スキなのかキライなのか。白黒ハッキリがいい！

- ☐ **相手を振り回しちゃうとこがある。**

- ☐ ↑無自覚。

- ☐ 相手を自分好みに変えたがる。

- ☐ 相手への注文がウルサイ。

- ☐ それで相手をキレさせる。

- ☐ そして、……逃げられた。

- ☐ **基本は惚れっぽい。**

- ☐ 「なんであんなヤツに惚れたんだ？」と思う過去がある。

- □ **「特定の人」がいても、好きな人がいる。**

- □ でも実際に浮気するとか二股かけるとかはできない。

- □ すごくメンドクサイから。

- □ うまくウソつけないし、たぶんバレるし。

- □ いったん気持ちが冷めたら、とっとと別れたい。

- □ 情でダラダラ続くのは、まだホントには冷めてないから。

- □ 本気でイヤになったら、もうその人の何から何までヤダ。

- [ ] スキンシップが好き。

- [ ] 手をつないで歩くのも好き。

- [ ] でも、人前でベタベタするのは恥ずかしい。

- [ ] 電車の中とかでイチャついてるカップル、許せん。
  「場所まちがってるだろっ」

- [ ] と言いつつ、人前でイチャついちゃったことある。
  「あの頃は青かった」

☐ アッサリしてそうで、とんだヤキモチ焼き。

- [ ] あやしい感じはないか、相手の言動を密かにチェック。

- [ ] 「ん？ なんかある！」と思ったら、プチ探偵になる。

- [ ] 浮気は真剣に反省してくれたら許す。
  「でも二度目はないと思え！」

5 プログラム

☐ **駆け引きは苦手。**

☐ そんなの疲れるし、駆け引きしてる間の妥協がヤダ。

☐ 「恋をしてる」その気持ちが心地いい。

☐ だからいつでも恋してたい。

☐ いくつになっても、何度恋愛を経験しても、純情一途。

6　トラブル・故障した時は　自己崩壊

☐　時々、謎の「暗〜い気持ち」がやってくる。

☐　でも、翌日にはもうフツーに戻ってる。

☐　「あれはなんだったんだろう」本当に謎。

☐　おうちの中ではけっこうプンプンする。

☐　ＴＶに向かって怒ったり、物に当たったりする。

☐　でも、プンプンするけど、キレることはあんまりない。

- [ ] ちょっとだけ腹立つとニコニコする。表面だけ。

- [ ] すごく腹立つと無になる。表情も口も。

- [ ] 本当に腹立つと冷静になる。不気味なほど丁寧に淡々と諭す。

- [ ] または、大声で感情を大爆発させる。もう収まらない。理論的に追いつめて、逃げ場など与えない。

- [ ] 相手がちゃんと謝るまで許さない。
「ごめんなさいしなさい！」

- [ ] イライラ中は動作が乱暴で雑になっちゃう。

- [ ] **キレるといきなり暴れる。**

- [ ] 手当たりしだいに物を投げる。

- [ ] もし誰か居合わせたら、その人はケガをする可能性高し。
「緊急避難をぜひオススメします」

- [ ] 泣いたあと、暴れたあとは妙にスッキリ。ケロッとする。

☐ **お腹がすくと急に無口になる。**

☐ お腹すいてるのに何も食べられないと、暗雲が立ちこめる。のち雷雨かもしれない。

☐ 「お腹すいたー！」を連呼して、なんとか食べ物にありつこうとする。

☐ 極限までお腹がすくと、とうとう動かなくなる。

☐ 食べ物補給で一気にご機嫌。

☐ でも、食べたものがマズイと、さらにご機嫌斜めになる。

☐ ↑ブチブチといつまでも文句を言い、機嫌はもう急斜面。

6　トラブル・故障した時は

- ☐ 変な責任感で時々ウツっぽくなる。

- ☐ 本当はクヨクヨ悩んでいる。

- ☐ のに、ハリボテの笑顔でムリをする。

- ☐ 「なんでそこまでしてんだろう？」って、さらにウツっぽくなる。

☐ 寝起きの気分はズーンとして最悪。

- ☐ 目覚ましは許せるけど、人に起こされるのは大キライ。

- ☐ ムリに起こされると恐ろしく不機嫌。

- ☐ 起こした相手に八つ当たりどころじゃない。九も十も当たる。

- ☐ 怒ると、悔しいとか悲しいとか、色んな思いが涙となってこぼれてくる。

☐ キライな相手には「怖い人」になる。

- ☐ 色々怖いコトする。あれとかそれとか。

- [ ] プレッシャーのかかりすぎで、容量オーバー。思考のヒューズがとぶ。

- [ ] 非常時用のオート自分が作動するけど、自分で何言ってんだか、何やってんだか分かんない。

- [ ] で、わけ分かんないまま物事が終了する。

- [ ] けっこう「妄想力」あり。

- [ ] 妄想して元気になる「ポジティブ妄想」。

- [ ] 自信を失うと、机の下に入りたい。
「のぞかないでください」

- [ ] 酒を飲んで記憶を失った。若気の至り。

- [ ] でも、己を知って自粛を覚えた。

- [ ] 酔っぱらうと、しゃべり上戸、笑い上戸、泣き上戸とかになる。

- [ ] とにかくさわぐ。

6 トラブル・故障した時は

- [ ] **ストレスがたまると太りだす。**

- [ ] 不思議現象のようだけど、理由は分かっている。

- [ ] 食うから、飲むから、動かないから。
  不思議でもなんでもない。

- [ ] だから、もう限界だよのサインが胃腸に現れる。

- [ ] 熱を出したりもする。

- [ ] 頭のてっぺんから水蒸気が「ブシュー！」のイメージ。

- [ ] あまりにも熱が高いと、逆に気持ちよくなってくる。

- [ ] ゆっくり休んでればいいのに、何かと動きまわる。
  高熱ハイ。

7 メモリー・その他 記憶／日常

- □ **昔のほうが熱血度が高かった。**

- □ そんな自分を思い出して、静かに恥ずかしくなる。

- □ 子供の頃、グループの中心にいるのが好きだった。

- □ とゆーか、なんかリーダーみたいなのになりやすかった。

- □ だからといって、イバってたわけではない。

- □ **記憶があやふや。**

- □ そのわりに、ヘンなことばっか覚えてる。

- □ **だいたいのことは「五感」で記憶する。**
  ニオイとかその場の空気とか。

- □ 食べ物に関しての記憶は妙にハッキリしてる。

☐ 子供の頃、イジメられてる子をかばってあげた。

☐ のに、イジメっ子をイジメた。

☐ 正義の味方になりたかった。

☐ 魔法使いにもなりたかった。

☐ 「起き上がらないと取れないモノを魔法でここまで」みたいな小規模なこと考えた。魔法無駄ヅカイ。

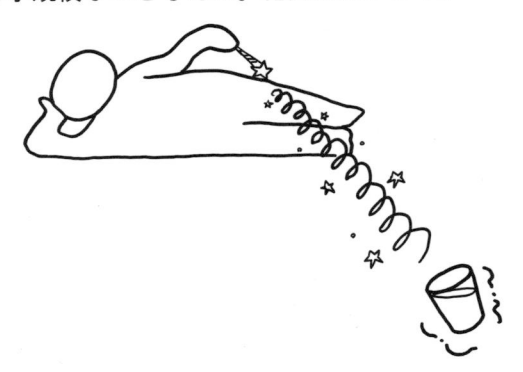

☐ 大人に対して、ずけずけものを言う子供だった。

☐ 親に「オマエは内弁慶」と言われたことがある。

☐ で、「ちょっと違うけどたしかにそう」と思った。

- [ ] 子供の頃、「家出」した。

- [ ] 突発的な行動力で、ありえないくらい遠くまで行く。

- [ ] 電車とか乗っちゃう。子供をあなどるなっ。

- [ ] 子供の頃、とんでもなく遠くまで「冒険」に行った。

- [ ] 大冒険の最後のボスは、魔王「オヤシラーズ」。

- [ ] 攻撃はもっぱら「せっきょう」。

- [ ] 一撃でやられる。

```
GAME OVER
```

なんとなくゆうしゃ　　　　　オヤシラーズ
ぼう

7　メモリー・その他

- [ ] ドブにはまったことがある。

- [ ] もしくは、汲み取り式のトイレに落ちた。ボットン。

- [ ] 池とか田んぼにも落ちた。

- [ ] 鉄棒からも……落ちすぎっ。

- [ ] **早く大人になって自由に暮らしたかった。**

- [ ] でも、「大人ってバカだよなぁ」とも思っていた。

- [ ] 自分はそんな大人にはならないと思っていた。

- [ ] 大人になっても子供心を忘れていない。

- [ ] 学校の休み時間に教室でジッとしてるのはありえなかった。

- [ ] 給食当番が回ってくるのが待ち遠しかった。

- [ ] 食べ物とふれ合ってるの、なんか好きだったから。

- [ ] **給食はおかわりの常連。**

- [ ] とんでもない大雪の日とか、とんでもない豪雨の日はなんかワクワクする。

- [ ] **ドアとか引き出しとか、足で閉める。**

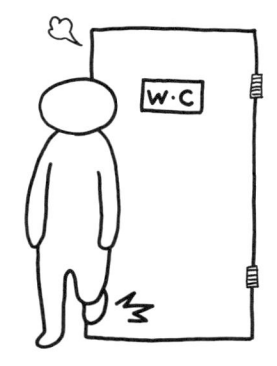

- [ ] 手帳にちまちまとメモするのは苦手。

- [ ] とゆーか、手帳持ってない。

- [ ] 持たなきゃならない状況になっても、なかなか買わない。

- [ ] 自分に合う手帳がドコにもナイという不幸。

- [ ] そして手帳の書き出しが数ヶ月遅れる。最初のほう白い。

7 メモリー・その他

- ☐ **掃除は苦手。**

- ☐ 散らかってたほうが「自分の部屋」って感じがする。

- ☐ でも突然の大掃除。

- ☐ なのに、最初の手の付けどころでいきなり迷う。

- ☐ 途中で、マンガが出てきた。ちょっと読んでみる。

- ☐ 押し入れの奥にアルバムがあった。ちょっと見てみる。

- ☐ 「ちょっと」どころじゃなかった。1時間も経過。

- ☐ まあ、最終的にあの辺とかその辺はおおまかに済ませた。

- ☐ そしてまた散らかるまでエンエン放置の日々。

- ☐ **部屋の模様替えはめったにしない。**

- ☐ そこに置いたら永遠に「そこ」が定位置。

- ☐ ヘタに移動させるとなんか落ち着かない。

☐ **ケガをすると妙にテンションが上がる。**

☐ 傘を持つのがキライ。

☐ 頭にかぶる笠、ちょっといいなと思う。

☐ でも恥ずかしいからしない。

☐ カバンは、手に持つより肩にかけたい。

☐ 歩きやすい靴が好き。

☐ スニーカー、ラブ。

☐ 靴の中でもスニーカーは妥協しないで金かける。

- [ ] 食べ物の好き嫌いはほとんどナイ。

- [ ] 食べ物は残さないで食べる。もったいないから。

- [ ] 「食べ物を残すヤツは許せん!」って人の残り物までたいらげる。もったいないから。

- [ ] 食べ物の新製品が気になる。し、チェックが早い。

- [ ] 地方限定とかも、その地域にいないのに知ってる。

- [ ] **料理するとき、味見しない。**

- [ ] 調味料とか「たぶんこんくらい」で入れる。

- [ ] 料理したあと、台所が大惨事。

- [ ] 通販が好き。

- [ ] でも買ってよく失敗する。

- [ ] 失敗しても返品するのはめんどくさい。
どーするコレ？　とりあえず押し入れに放り込む。

- [ ] もしくは人にあげる。

- [ ] に見せかけた、せっかく買ったから使わないけど捨てたくない。ってゆーワガママ。

7　メモリー・その他

- ☐ 美容室に行くのがメンドー。

- ☐ 「家族とか友達が美容師だったらいいなー」

- ☐ もしくは「自分で髪切れたらいいのにー」。

- ☐ 自分で切るのは前髪のみ。あとは怖いからしない。

- ☐ **目覚ましは１度じゃ起きない。**

- ☐ 三重くらいセットする。

- ☐ **休日はどっぷり朝寝坊。**

- ☐ とゆーか、もう朝じゃない。

- ☐ ずっと寝てる。いつまでも。

- ☐ お腹すいて何か食べたらまたゴロンとして寝る。

- ☐ で、真っ暗になると１日を振り返り、焦りだす。「今日」が終わってしまった。ガーン。

- ☐ **ジャージやスウェット姿が似合う大賞。**

- ☐ **買い物に行って、肝心な物を買わないで帰ってくる。**

- ☐ メモを持っていっても同じこと。

- ☐ そのくせ、余計な物は買ってくる。

- ☐ 洋式トイレでフタの上に座ってしまうことがある。

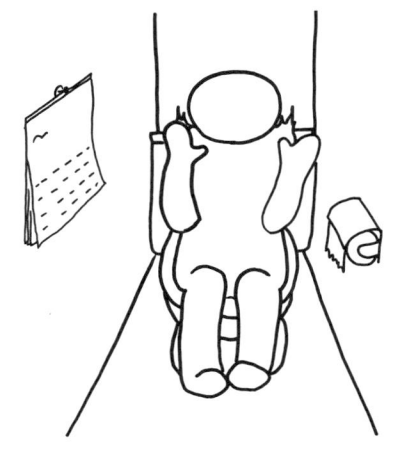

- ☐ 「うっひゃ〜」と驚いて、トイレの中で１人こっそり大笑い。

- ☐ トイレの紙替えが自分の役目になるとイラッとする。「前のヤツ。替えてから出ろ！」と思う。

7 メモリー・その他

- ☐ ポケットに物を入れたまま洗濯する。

- ☐ お札とかティッシュとかぐちゃぐちゃ。
  ケータイもただの塊と化している。

- ☐ ちなみにケータイをトイレに落としたことがある。

- ☐ お風呂は短いか長いかどっちか。中くらいはナイ。

- ☐ シャンプー、リンスにはこだわりがある。

- ☐ 妥協しないでコレ！　というものを使っている。

- ☐ **年賀状はぎりぎりまで書かない。**

- ☐ で、「今年こそは早めに書こう！」と思う。

- ☐ を、毎年くり返す。

- ☐ 宝くじを買っただけで当たったような気になる。

- ☐ で、当選金を何に使おうか真剣に考える。

- ☐ 外れてもあんまりがっかりしない。

- [ ] **食べ放題に行くと、もとを取るため限界以上に食べる。**

- [ ] 帰り道は「満腹♪　満足」じゃなく、「苦しい。きぼじわるい」ってことになる。

- [ ] 靴下は穴があくまではく。

- [ ] 下着はゴムが伸びるまで着る。

- [ ] Tシャツも首んとこがビローンってなるまで着る。

- [ ] スウェットの膝んとこがポコンって出やすい。

- [ ] **100円ショップは楽しい。**

- [ ] でもけっこう壊れやすいし、使い勝手が悪いことがあるのが不満。

- [ ] だから掘り出し物を見つけると異常にハイになる。

7　メモリー・その他

☐ 洗剤とか歯磨き粉とかの日用雑貨を切らすことが多い。

☐ 「もうすぐなくなるから買っとかなきゃ」を思い出したり忘れたりして、やっぱり最後忘れる。

☐ 自分の日常は、実はわりに平凡。

☐ 毎日同じパターンでもけっこうへっちゃら。

☐ でもその中にささやかな楽しみをプラスする。
たまにケーキをホール買いするとか、週末はオイシーお酒を飲むとか、週１のＴＶ番組を楽しみにしてるとか、ほーんと、ささやか。だけど幸せ♪

8 その他シミュレーション その時O型なら

- [ ] 童話『ヘンゼルとグレーテル』
    親に森で置き去りにされました。2人がO型だったら。
    →まずはネグラを確保。そのあと、食料を現地調達。
    たまにはこーゆーのもいいよねってキャンプ気分を楽しみ、そのうち帰るのもめんどーになって森の主となる。

- [ ] 昔話『桃太郎』
    きびだんごで仲間をつり、共に戦います。
    彼がO型だったら。
    →「共に戦おうっ‼」って正義感に燃える。自分に関係ない島なのに。
    犬、サル、キジ。それから、友人やご近所さん、ネコ、クマ、虎、馬、鷹、ブタ……。
    着々と仲間が増えすぎました。
    そのうえ、鬼とも意気投合。みんなで大宴会になる。
    めでたし、めでたし。

□　童話『北風と太陽』
　旅人のコートを脱がせるのはどっち？　どちらかがO型だったら。
→太陽だったら、旅人はコート脱ぐどころじゃない。
　日焼けでまっ黒になる。ヤケドぎみ。
　北風だったら、旅人の姿が見当たらない。
　吹きすぎで吹っ飛ばしていました。
　「しまった、ガンバリすぎた」とあとで気づく。

- 童話『ハーメルンの笛吹き男』
  ネズミ退治の報酬をくれなかった腹いせに、子供たちを隠します。彼がO型だったら。
  →子供たちはスグに帰す。めんどくさいから。
  　次の街で、「あの仕打ちに、こーんな仕返しをしてやった」と三割増しで語り、酒場の英雄になる。
  　次の街、次の街とくり返し、どこの街で話したか忘れる。

- 童話『金のオノ、銀のオノ』
  あなたの落としたオノは金のオノ？　銀のオノ？　普通のオノ？　木こりがO型だったら。
  →金？　金のオノ!?　あれ絶対欲しいっ。
  　金のオノについて、持っている知識と話術で切々と語り、女神様をくどき落とす。
  　いい気分になった女神様からちゃっかり金のオノをもらう。ヨシ、任務完了。

8　その他シミュレーション

□　昔話『ウサギとカメ』

どちらが速いか競争しよう。ウサギがO型だったら。

→すっごい本気で走る。もう姿見えない。

　で、ゴール前で待ちかまえ、カメの見ている前でゴールイン！　してやったり。ニヤリ。

□　童話『アリとキリギリス』

アリがせっせと働く夏の間、キリギリスは歌三昧の日々。やがて冬がやってきて……。キリギリスがO型だったら。

→ライブ開催。夏の間にバンドを組み、毎日特訓した成果を披露。

　入場料がっぽりで、冬の蓄えはバッチリ。

　翌年夏のツアーも決定！　熱く盛り上がろうっ！

☐　童話『赤ずきん』

狼に食べられるも、助けてもらいハッピーエンド。

彼女がO型だったら。

→おばあちゃんへのお届けもの。

　なぜか、カゴの中身がすごく気になる。

　気になって、気になって、気になって、道々でちょっとずつ、つまみ食い。

　ちょっとだけ。ちょっとだけ。

　おばあちゃんの家に着く前にすっかり完食。これはまずいと思い、今日は行くのやーめたっ。

8　その他シミュレーション

☐ 童話『白雪姫』
毒リンゴで死んでしまう。彼女がO型だったら。
→老女リンゴを出す→迷い→食い意地の勝ち→リンゴをパクリ→？→死なない→なぜ？→毒だけよけていた→なんかここマズい→意外にグルメだった→老女の魂胆空ぶる→END

☐ 昔話『つるの恩返し』
助けてくれたお礼をします。つるがO型だったら。
→「決して戸を開けないで下さい。絶対ですよ。いいですね？ 開けてはいけませんよ」としつこく念を押し、さらに機織り部屋の戸を10センチくらい開け準備完了。
まんまとのぞいてしまったジジババに、「ここまでしてるよ、もっと見てくれ」アピールをする。

☐ 童話『マッチ売りの少女』
雪の中で必死に声をかけるも、一向にマッチは売れません。彼女がO型だったら。
→訪問販売で押し売り。ついでに家に上がり込んで暖をとる。奥様との話に花が咲き、お紅茶にお菓子までゴチソウになる。で、おかわり。

☐ 童話『裸の王様』
子供が指さして笑い出しました。「あの王様、裸だ！　アハハハ」
まわりの大人がO型だったら。
→「何？　何？　イベント？　ワーイ！」
　そのままパレードに飛び入り参加。
　「王様、やるなぁ！」って、大爆笑。

8　その他シミュレーション

☐ 童話『三匹の子豚』
自分の家を建てて暮らすことになった子豚の三兄弟。彼らがO型だったら。
→鉄筋コンクリートの高層ビルディングを建設。
そこに自分たちの会社を立ち上げ、面接にやってきたオオカミを、チクチクといびり倒す。
「前は何をされてましたか？ おや、家を破壊？ 子やぎを襲い、老女と女の子を食べた。ふむふむ。休日は遠吠えですか。ずいぶんご立派な業績ですなぁ」

9　計算の仕方　　　　　　　　O型度チェック

すべての項目チェック終了です。
まだ足りないよと思う方は、さらに自分を知ってみましょう。

これから、自分がどのくらいのO型度なのか調べてみましょう。
でも、数えるのはめんどうなので、だいたいで良し。下から選んで下さい。

A　オールチェック。
B　ページあたり1、2コはチェックがつかない。
C　ページあたり4、5コはチェックがつかない。
D　ページのほとんどチェックがつかない。

〈結果〉
A　燃えやすいのがたまにキズ。だけど、熱くてけっこう！
　　消火処理はよろしくねっ！　自分では消せない。
B　みんなの前では騒ぐのに、1人になったとたん無音になる。
　　極端だけど、うまく使えば武器になる。すでにしている可能性も。
C　クールにきめているつもり。が、バレバレ。恥ずかしい場面に遭遇することも多々。でも、いつだったか忘れた。
D　オーバーヒートで大暴走。人、場所、時間、そんなものは

目にも入らない。なりふり構わなすぎて、迷惑を超えカッコイイ存在に。

お疲れさまです。しかし、
実はまだ終わっていません。
今の結果は全部でたらめです。忘れて下さい。
その代わり、結果を見て何を思いましたか？
下から選んで下さい。

1　そーなのか分からないけど、とにかく爆笑。
2　ふうん。もしかしたらそうかも。なるほどーと思った。
3　ふっ。なんだこれ？　と小馬鹿にしてみた。
4　あー、うんうん。なんでもいいや。あはは。と思った。

〈結果〉
1　それもO型。
2　それもまたO型。
3　そういうのもO型。
4　そういうとこもO型。

つまり、O型度なんて知るか。です。
人間だもん。O型だもん。色々あるもん。です。
自分が思うO型が「O型」ってもんです。それでいいんです。
それがいいんだ。

さいごに

☐ 知らなかった一面を見つけられた。

☐ 色んなことがあったけど、自分らしく生きてるなって思う。

☐ やっぱりO型大好き！

「という人間です」

これがO型の全てではありません。
O型だけに当てはまることでもありません。
O型だからこうというわけでもありません。
人は十人十色ですから、アナタにはアナタの、
あの人にはあの人の、
それぞれが作り上げてきた「自分」があります。
それは、たった1人しかいない人間が、
たった1つしかないこれまでの時間の中で、
色んなピースを集めて組み立ててきた唯一のモノ。
だからこんな小さな世界に閉じ込めることは到底不可能です。
ただ、人を楽しませることでいっぱいだったために、
今までは自分を知らなかったO型の、
O型のことをちゃんと知りたい誰かの、

少しでもお手伝いができたなら。

さいごに、ご協力いただいたО型のみなさま、この本を手に取ってくださったみなさま、応援してくださったみなさま、担当の方に心からの感謝を。

　　　　　　　　　　　　　　　　　　Jamais Jamais

著者プロフィール

Jamais Jamais（じゃめ じゃめ）

ある年のある水曜日、東京都に生まれる。
大学の工学部をリタイア後、美大の造形学科でリスタートを切る。
現在は建築設計を生業としている。
周囲にはなぜか一風変わった、ユニークな人間が多数生息。
彼らが軒並みB型であったことから、血液型に興味を持つ。
著書に『B型自分の説明書』『A型自分の説明書』『AB型自分の説明書』
（文芸社）がある。

O型自分の説明書

2008年8月5日　初版第1刷発行

著　者　　Jamais Jamais
発行者　　瓜谷　綱延
発行所　　株式会社文芸社
　　　　　〒160-0022　東京都新宿区新宿1－10－1
　　　　　　　　　電話　03-5369-3060（編集）
　　　　　　　　　　　　03-5369-2299（販売）

印刷所　　株式会社平河工業社

Ⓒ Jamais Jamais 2008 Printed in Japan
乱丁本・落丁本はお手数ですが小社販売部宛にお送りください。
送料小社負担にてお取り替えいたします。
ISBN978-4-286-05097-3